TONI NEGRI

Exil

Traduction de l'italien par
François Rosso et Anne Querrien

Postface de
Giorgio Agamben

ÉDITIONS MILLE ET UNE NUITS

Les Petits Libres
n° 19

Texte inédit

Exil est tiré du décryptage du documentaire *Retour vers le futur,*
réalisé par Maurizio Lazzarato et Raffaele Ventura,
produit par L'Yeux ouverts (BP 624, 92006 Nanterre cedex)

ISBN : 2-84205-198-X

Sommaire

Exil

Chers amis,

Vous trouverez ici publiés les extraits d'une conversation que j'eus avec certains amis, sollicité que j'étais par leurs questions, la semaine qui précéda mon retour en Italie : j'avais en effet décidé d'y rentrer, après quatorze ans d'exil en France, et de me rendre à la justice de mon pays, c'est-à-dire à la prison. Cette conversation fut enregistrée entre le 25 et le 30 juin 1997, dans mon appartement parisien, en plein milieu du déménagement. Il s'agit donc d'un dialogue avec des proches qui ont partagé non seulement mon exil mais aussi le travail théorique et politique que nous avons mené ensemble durant toutes ces années. Le style en est donc oral, bien que retranscrit par écrit : c'est celui d'un dialogue-résumé qui se voulait aussi une ouverture vers les perspectives que mon retour laissait espérer.

Rentrer en Italie, rentrer en prison : pourquoi ? Pour imposer – à travers la force d'un acte de témoignage qui, bien qu'étant personnel, était aussi collectif – la nécessité désormais incontournable d'une solution politique au drame qui depuis vingt ans se noue autour de la question des luttes politiques des années 70. La grande vague de contestation sociale de cette époque (en Italie, les événements de 68 se prolongèrent pendant au moins dix ans), au contraire de ce qui se passa aux États-Unis et dans d'autres pays d'Europe, n'obtint de l'État qu'une réponse purement répressive. On utilisa contre le mouvement social tous les instruments de la répression : depuis les lois d'exception jusqu'aux pratiques étatiques du contre-terrorisme. Et plus se développaient ces « législations de l'urgence » et l'apparat des moyens de répression, plus la réponse du mouvement se faisait violente : un cercle vicieux qui aboutit à l'incarcération de plus de 60 000 personnes et à 6 400 condamnations. Aujourd'hui, vingt ans après la répression, 200 militants se trouvent encore en prison, et 180 sont en exil. Depuis plus de dix ans, on parle d'une amnistie, mais une logique de vengeance perverse ajoutée à l'opacité qui entoure encore les crimes perpétrés par l'État, et à l'atmosphère permanente d'« état d'exception » dont se nourrit la politique italienne, ont jusqu'à présent gangrené la situation et empêché que l'esprit de réconciliation puisse prendre, en ce moment de transition historique, le visage de l'amnistie. Mon retour voulait et veut être un rappel à la raison : il faut déclarer que la guerre est finie, et que tous les arguments utilisés contre la concession de l'amnistie et la possibilité d'une solution politique sont anachroniques autant qu'infâmes. J'ignore si mon retour réussira à apposer le mot fin au bas d'un chapitre dont le bon sens voudrait qu'il soit clos depuis longtemps. J'ignore tout autant si on arrivera à la solution politique et à l'amnistie que je demande. Je sais cependant ce que la dénonciation de mon encombrant emprisonnement soulève face à la lâcheté d'un pouvoir incapable de résoudre des problèmes que l'histoire a déjà tranchés.

Mais ce retour est aussi une rencontre. Et avant tout la reprise d'une discussion avec les amis et les camarades qui, après avoir participé aux luttes des années 70 et avoir subi la répression, se sont retirés de la vie politique active, frustrés dans leurs désirs et déçus dans leurs espérances, parfois même fatigués par la théorie et la praxis. Parmi eux, certains cherchèrent refuge dans la drogue, d'autres un simple isolement au rebours de toutes les expériences collectives de transformation. Ils devinrent des « exilés de l'intérieur ». Et pour eux commença alors une longue traversée du désert. Ils assistèrent au triomphe de la petit Italie yuppie de Craxi et d'Andreotti, une Italie au vernis nickel dont la façade brillante recouvrait le vil métal de l'avidité – qui convoitait les fonds publics – et de la corruption – qui touchait toutes les relations civiles. Ce fut le début de la « grande transformation », conduite de manière bipolaire par les télévisions de Berlusconi et par une social-démocratie cynique et bureaucratique. On affirma que la politique n'était que la simple gestion des comptabilités financières et sociales du système. Les méthodes du gouvernement d'exception continuèrent : à chaque instant surgissait un adversaire qui cherchait à dissoudre l'État – et on sait bien qu'à la défense de l'État il faut tout sacrifier. Cette Italie baroque et frivole est toujours en guerre : depuis les années 70, seule la guerre – une fausse guerre, comme dans un théâtre de marionnettes –

représenterait donc la garantie de la cohésion sociale ! Et c'est ce spectacle qu'ont subi les « exilés de l'intérieur ».

Nombre de ces exilés étaient des hommes intègres. Une fois retirés de la vie politique, ils restèrent cependant actifs sur les lieux de travail et au sein des articulations productives du champ social. Ils vécurent par conséquent les grandes transformations qui touchaient, malgré le vide politique et la plénitude de la corruption, la société italienne là où c'était important de se trouver : dans le travail intellectuel, dans les services publics (École, santé...), c'est-à-dire en fait dans le nouveau monde du travail immatériel. C'est là qu'ils ont construit des nouvelles communautés du travail. D'autres, frappés par la misère à la fois ancienne et nouvelle qui se développait de manière endémique dans un post-moderne si souvent exalté – une misère faite de marginalité et d'exclusion sociale – se sont consacrés au volontariat. D'autres encore ont pris part aux activités d'un nouvel entrepreneuriat social. Voici donc ceux qu'il fallait tenter de rencontrer à nouveau.

Dans quel but ? Tout simplement pour reconstruire cet esprit d'émulation collective, cette joie de la transformation, ce bon goût du savoir commun qui constituèrent l'âme des mouvements des années 70. Nous, exilés de l'extérieur et de l'intérieur, avons pu revendiquer l'imagination et la mise en œuvre d'une alternative aux catastrophes de l'esprit public que la répression, tout d'abord, puis l'idéologie yuppie assumée par le gouvernement de la corruption par la suite, et enfin la technocratie néolibérale dans ses multiples facettes, ont provoqué et provoquent encore. À partir de notre expérience de travailleurs immatériels, nous pouvons aujourd'hui recommencer à lutter – et à nous retrouver, afin d'empêcher que ce qui est advenu, et qui continue à se produire, retombe un jour, après avoir détruit notre jeunesse, sur nos propres enfants. Mon retour est donc lié à la récupération d'une histoire.

De quelle manière une personne qui a vécu ces quinze dernières années en France peut-elle alors retrouver, de manière constructive, une communauté dont elle s'était séparée ? Sans doute parce qu'en France aussi, des alternatives analogues ont eu lieu. Bien sûr, la France n'a pas connu les douloureuses luttes de l'Italie ; bien sûr, il n'y a pas eu en France de répression, et la corruption n'a pas revêtu les dimensions cyclopéennes qu'elle a acquises en Italie. Mais la grande transformation du politique et de l'appareil de production, du travail et de sa représentation, y a été tout aussi forte. L'Italien exilé en France que j'ai été pendant quinze ans a vécu et problématisé, avec une intensité que la douleur de l'exil accroissait encore, tous ces passages ; il en a discuté avec les camarades et les amis français, et porte aujourd'hui en lui une expérience commune qu'il voudrait européenne, mais aussi un espoir commun de transformation. L'exil lui a été utile pour comprendre la dimension européenne de ce que l'Italie avait vécu et s'apprête à revivre de manière tout à fait dramatique. Aujourd'hui, en cherchant à transmettre certaines de ses réflexions à ses amis français, il pense que celles-ci s'implantent dans un tissu commun et soulignent des urgences partagées.

Il n'en reste pas moins qu'au moment où je discutais de tous ces éléments que j'ai cherché à résumer ici brièvement, j'étais sur le point de rentrer en prison. Et qu'aujourd'hui je m'y trouve. Dans cette prison, où j'essaie d'être libre en pensant au futur qui est le mien, qui est le nôtre. En pensant à la liberté commune. Et à l'intérieur de cette liberté commune, il faudra bien entendu que la prison soit détruite. Pour que ceux qui rentrent pour pouvoir rencontrer à nouveau leurs camarades, et ceux qui raisonnent avec continuité pour tenir la communauté unie dans un projet de transformation, ne puissent plus voir se dresser devant leur désir l'horreur sans nom de la prison.

Prison de Rebibbia, 1er octobre 1997
Traduit par Judith Revel

La prison et la vie

Je ne suis pas masochiste et je ne prétends pas devoir passer à travers la privation pour arriver à construire quelque chose. En réalité, je ne pense pas qu'il y ait une différence si essentielle entre la prison et le reste de la vie. La vie est une prison quand on ne la construit pas, et quand le temps de la vie n'est pas appréhendé librement. On peut aussi bien être libre en prison qu'en dehors de la prison. La prison n'est pas un manque de liberté, tout comme la vie n'est pas la liberté – tout au moins la vie des travailleurs. Le problème n'est donc pas qu'il faille nécessairement faire le détour de la prison, je n'en fais pas une philosophie. Il n'y a pas à passer par la privation, ce n'est pas une condition de la philosophie. Le fait est qu'il faut faire vivre les passions positives, c'est-à-dire celles qui sont capables de construire quelque chose aussi bien en prison qu'à l'extérieur. Les passions positives sont celles qui construisent les communautés, qui libèrent les relations, qui déterminent de la joie. Et tout cela est complètement déterminé par la capacité que l'on a à saisir le temps, à le traduire en un processus éthique, c'est-à-dire en un processus de construction de joie personnelle, de communauté, et de libre jouissance de l'amour divin, comme le dit Spinoza, le père de tous les athées.

La solitude

Je ne sais pas vraiment. Il est clair qu'il est difficile de définir la solitude. Pour moi, la solitude c'est l'impuissance, c'est comme ça qu'on peut la définir. Il arrive qu'on ait épuisé un certain type de recherche, un certain type de travail, et on se retrouve seul. Par exemple, il y a eu un moment, en France, au tout début, quand je suis arrivé, où j'étais « seul », comme tu le dis – pas simplement d'un point de vue théorique, mais aussi d'un point de vue pratique, matériel. Et cela m'a évidemment amené à réfléchir à ce qu'avait été la réaction léopardienne à la solitude. La réaction de Léopardi était poétique mais surtout philosophique : c'était cette capacité à inventer des grands mondes matériels, lucréciens, à l'intérieur desquels l'être et les figures de l'être abondaient véritablement de toutes parts. Cette capacité à se soustraire à la défaite, au négatif, et de construire de nouveaux mondes toujours possibles, c'est toute la grandeur de Léopardi qui lui permet de se libérer de la solitude. Et cette capacité à construire des mondes différents passe en fait par la notion de « commun », par le commun, c'est-à-dire ce qui représente l'humain dans son ensemble. Ce que l'on retrouve chez Léopardi, c'est vraiment un humanisme d'après la mort de l'homme. Dans mon propre cas, j'ai vraiment éprouvé une solitude liée à l'impuissance. Un autre exemple : après les luttes de 1995, par exemple, qui avaient donné naissance à une formidable initiative, et à travers lesquelles nous avions commencé à comprendre ce que pouvait être une nouvelle construction de l'espace public – la construction d'une démocratie absolue –, après les luttes donc, il y a eu une sorte de retombée qui traduisait l'insuffisance de nos moyens d'intervention, de notre praxis. Nous pouvions analyser les luttes de 95 et les comprendre dans leur finalité implicite, mais nous étions complètement incapables de travailler dessus politiquement. C'est là qu'est née ma nouvelle solitude : dans cette impuissance à agir politiquement. Quand on redécouvre ces grands phénomènes, ces étranges renouvellements de la Commune de Paris que l'histoire produit tous les trente ou cinquante ans, il est absolument essentiel de reprendre l'action politique. Et c'est de ce point de vue que, quand la seule possibilité que j'avais encore était de continuer un travail sociologique, cette expérience que nous avons menée ensemble m'a semblé une solitude.

Le « choix » de la prison

C'est une « ligne de fuite », comme le dit Deleuze. Il y a des moments où, face à une réalité qui s'aplatit, face à un monde qui devient toujours plus plat, on pense qu'il est possible – et même qu'il est nécessaire – de formuler une hypothèse politique : on le pense de tous les points de vue, aussi bien du point de vue politique que du point de vue affectif. Cette hypothèse peut partir de n'importe où, de la prison comme du territoire ou encore peut-être de certaines structures administratives. L'important, c'est d'inclure dans ce type d'analyse et de comportement une décision de fond, celle de rassembler tous les éléments disponibles afin de les rendre constituants, productifs. Chacun de nous est une machine du réel, chacun de nous est une machine constructive. Aujourd'hui, il n'y a plus de prophète susceptible de parler dans le désert et de raconter qu'il connaît un peuple à venir, un peuple à construire. Il n'y a que les militants, c'est-à-dire des personnes capables de vivre jusqu'au bout la misère du monde, d'identifier les nouvelles formes d'exploitation et de souffrance, et d'organiser à partir de ces formes des processus de libération, précisément parce qu'ils participent directement à tout cela. La figure du prophète, fût-elle celle des grands prophètes à la Marx ou à la Lénine, est complètement dépassée. Aujourd'hui, il nous reste simplement cette construction ontologique et constituante « directe », que chacun de nous doit vivre jusqu'au bout. On peut faire des parenthèses dans la vie, on peut être plus ou moins seul et de manière différente, mais la vraie solitude, celle qui compte, c'est celle de Spinoza : une solitude qui est aussi un acte constitutif de l'être-autour-de-soi, de la communauté, et qui passe à travers l'analyse concrète de chacun des atomes du réel, une solitude qui distingue, au cœur de chacun de ces atomes, la désunion, la rupture, l'antagonisme, et qui agisse sur eux pour forcer le processus à aller de l'avant.

Je crois donc qu'à l'époque du post-moderne, et dans la mesure où le travail matériel et le travail immatériel ont fini d'être opposés, la figure du prophète – c'est-à-dire celle de l'intellectuel – est dépassée parce qu'elle est arrivée à son total achèvement ; et c'est à ce moment-là que le militantisme devient fondamental. Nous avons besoin de gens comme ces syndicalistes américains du début du siècle qui prenaient le train vers l'Ouest et qui, dans chaque gare traversée, s'arrêtaient pour fonder une cellule, une cellule de lutte. Tout au long de ce voyage, ils parvenaient à communiquer leurs luttes, leurs désirs, leurs utopies. Mais nous avons aussi besoin d'être comme saint François d'Assise, c'est-à-dire réellement pauvres : pauvres, parce que c'est seulement à ce niveau-là de solitude que l'on peut atteindre le paradigme de l'exploitation aujourd'hui, qu'on peut en saisir la clef. Il s'agit d'un paradigme « biopolitique[1] », qui touche le travail aussi bien que la vie ou les relations entre les personnes. Un grand contenant plein de faits cognitifs et organisationnels, sociaux, politiques et affectifs…

Peut-être que le futur peut se construire à partir de la prison.

1. Voir « Biopolitique productive », p. 28.

I

Le travail

Du travail il y en a trop, parce que tout le monde travaille, et que tout le monde contribue à la construction de la richesse sociale. Cette richesse naît de la communication, de la circulation, et de la capacité à coordonner les efforts de chacun. Comme le dit Christian Marazzi [1], la production de la richesse est assurée aujourd'hui par une communauté biopolitique (le travail de ceux qui ont un emploi, mais aussi le travail des étudiants, des femmes, de tous ceux qui contribuent à la production de l'affectivité, de la sensibilité, des modes de sémiotisation de la subjectivité), production de la richesse que les capitalistes commandent et organisent à travers la « désinflation », c'est-à-dire la compression de tous les coûts que la coopération productive et les conditions sociales de sa reproduction exigent. Le passage de « l'inflation » (de désirs et de besoins) des années suivant 68 à la désinflation des coûts, représente la transition capitaliste du moderne au post-moderne, du fordisme

1. *La Place des chaussettes*, Éditions de l'Éclat, Paris, 1997.

au post-fordisme. C'est une transition politique au sein de laquelle le travail salarié a été exalté comme matrice fondamentale de la production des richesses. Mais le travail a été séparé de sa puissance politique. Cette puissance politique venait de travailleurs regroupés au sein des usines, organisés à l'intérieur de structures syndicales et politiques fortes. La destruction de ces structures a laissé derrière elle une masse informe – pour un regard extérieur – de prolétaires qui s'agitent sur le territoire : un véritable fourmillement, qui produit des richesses à travers une collaboration et une coopération continues. En fait, si on regarde le monde d'en bas, le monde des fourmis... là où se déroule notre vie, on s'aperçoit de l'incroyable capacité productive que ces travailleurs ont désormais acquise. C'est cela l'incroyable paradoxe face auquel nous nous trouvons. C'est que le travail est encore considéré comme emploi, comme travail « employé » par le capital, dans des structures qui l'assujettissent directement à l'organisation capitaliste de la production.

La légitimité sociale et productive de l'activité est toujours soumise à l'« employabilité » – néologisme barbare, mais qui exprime bien la nouvelle nature de la subordination – par l'entreprise ou par l'État. On a glissé progressivement du « travail » à l'« emploi », mais ce qui valide l'activité n'est pas tellement la participation effective à la production de la richesse – combien d'emplois sont « improductifs » de ce point de vue ! – mais la subordination à des formes de contrôle de l'entreprise ou de l'État. Ce qui détermine un consensus de fond sur le « travail » entre gauche et droite, entre patrons et syndicats.

Pourtant aujourd'hui, ce lien entre production de la richesse et travail salarié – qui est un vieux lien marxien, mais qui, avant d'être marxien, a été un lien établi par l'économie politique classique – a été rompu. Le travailleur, aujourd'hui, n'a plus besoin d'instruments de travail (c'est-à-dire de capital fixe) qui soient mis à sa disposition par le capital. Le capital fixe le plus important, celui qui détermine les différentiels de productivité, désormais se trouve dans le cerveau des gens qui travaillent : c'est la machine-outil que chacun d'entre nous porte en lui. C'est cela la nouveauté absolument essentielle de la vie productive, aujourd'hui. C'est un phénomène complètement essentiel, parce que précisément le capital, à travers son renouvellement, son changement interne, à travers la révolution néolibérale, à travers la redéfinition de l'État-providence, « dévore » cette force de travail. Mais comment la dévore-t-il ? Il le fait dans une situation qui est structurellement ambiguë, contradictoire et antagoniste. L'activité productrice de richesses n'est pas réductible à l'emploi. Les chômeurs travaillent, le travail au noir est plus producteur de richesses que celui des employés. Et inversement l'emploi est aussi assisté que le chômage. La flexibilité et la mobilité de la main d'œuvre n'ont été imposés ni par le capital, ni par l'échec des accords fordistes et welfairistes sur le salaire et sur la redistribution du revenu entre patrons, syndicats et État, accords qui ont pratiquement dominé la vie sociale et politique dans les cinquante dernières années. Aujourd'hui, on se trouve dans une situation où, précisément, le travail est « libre ». Bien entendu, le capital a gagné, il a anticipé les possibilités d'organiser politiquement les nouvelles formes de coopération productive et la « puissance » politique de celles-ci. Pourtant, si on prend un peu de recul, et sans pécher pour cela par optimisme, il faut aussi dire que la force de travail que l'on a connue, c'est-à-dire la classe ouvrière, a lutté pour refuser la discipline d'usine. Et l'on est à nouveau confronté au problème de l'évaluation d'une transition politique qui est, historiquement, aussi importante que celle qui fait passer de l'Ancien Régime à la Révolution. On peut à bon droit dire qu'on a vécu, dans la seconde moitié du XXe siècle, une transition au sein de laquelle le travail s'est émancipé. Il s'est émancipé par sa capacité à devenir intellectuel, immatériel ; il s'est émancipé de la discipline d'usine. Et c'est précisément cela qui détermine la possibilité d'une révolution globale, fondamentale et radicale de la société contemporaine capitaliste. Le capitaliste est désormais un parasite : non pas en tant que capitaliste financier, dans les termes marxistes classiques, mais parce qu'il n'a plus la capacité de maîtriser unilatéralement la structure du processus du travail, à travers la division entre travail manuel et travail intellectuel. Les nouvelles formes de subjectivité ont cassé et rendu réversible cette séparation, en produisant de nouveaux moyens d'expression de leur propre puissance et un terrain de lutte et de négociation.

Le cerveau-machine

Il est clair que lorsqu'on commence à dire que la machine-outil a été arrachée au capital par l'ouvrier, pour qu'elle le suive toute sa vie, que l'ouvrier a incarné cette puissance de production à l'intérieur de son propre cerveau, ou quand on dit que le refus du travail a gagné par rapport au régime disciplinaire de l'usine, il s'agit de quelque chose de très fort et de très vital. Parce que si le travail, si l'outil de travail est incarné dans le cerveau, alors l'outil de travail/cerveau devient la plus grande potentialité productive mise en œuvre aujourd'hui afin de construire de la richesse. Mais, en même temps, l'homme est « entier », le cerveau fait partie du corps, l'outil est incarné non seulement dans le cerveau mais aussi dans tout ce qui appartient au « sentir », dans l'ensemble des « esprits animaux » qui agitent la vie d'une personne. Le travail se construit donc à partir des outils qui ont été incarnés, mais cette incarnation comprend la vie. À travers l'appropriation de l'outil, c'est la vie elle-même qui est mise en production. Et mettre en production la vie, cela signifie essentiellement mettre en production les éléments de communication de la vie. Une vie individuelle ne saurait être productive. La vie individuelle devient productive – et intensément productive – dans la mesure où elle entre en communication avec d'autres corps, avec d'autres outils incarnés. Mais si tout cela est vrai, alors le langage, en tant que forme fondamentale de coopération et de production, devient central dans ce processus. Or le langage, comme le cerveau, est rattaché à un corps, et le corps ne s'exprime pas simplement en formes rationnelles ou pseudo-rationnelles, ou encore en images : il s'exprime aussi à travers des puissances, des puissances de vivre, ce que nous appelons des affects. La vie affective devient donc l'une des expressions de l'outil de travail incarné à l'intérieur du corps. Cela signifie que le travail, de la manière dont il s'exprime aujourd'hui, n'est pas simplement productif de richesses mais aussi, et surtout, de langages qui produisent cette richesse, l'interprètent et en jouissent. Ces langages sont aussi bien rationnels qu'affectifs. Et tout cela a d'importantes conséquences sur la définition des sujets. Parce qu'à partir du moment où on a enlevé à la classe ouvrière le privilège d'être l'unique représentant du travail productif, et que l'on a ramené ce travail productif à tous les sujets qui ont incarné l'outil de travail et l'expriment dans des formes linguistiques, alors on doit dire que tous ceux qui produisent des puissances vitales se trouvent à l'intérieur de ce processus, et qu'ils s'y trouvent même de manière essentielle. Qu'on pense par exemple à tout le circuit de reproduction de la force de travail, de la maternité à l'éducation, de la gestion de la communication à l'organisation du soi-disant temps libre, tout cela entre aujourd'hui à l'intérieur de la production. Il s'agit ici d'une formidable possibilité de remplir le concept de communisme par autre chose qu'une rationalisation, une accélération, une modernisation ou une super-modernisation du capitalisme. On a la possibilité d'expliquer la production et donc d'organiser la vie humaine à l'intérieur même de cette richesse constituée par toutes les puissances de l'outil : les langages et les affects.

Le devenir-femme du travail

Autour de ce concept de « devenir-femme du travail » se joue l'un des aspects les plus centraux de la révolution que l'on est en train de vivre. En réalité, il n'est plus possible d'imaginer la production des richesses et des savoirs si ce n'est à travers la production de subjectivité, et donc la reproduction générale des processus vitaux. Les femmes sont au centre du problème. C'est précisément parce qu'elles se trouvaient au centre de la production de subjectivité, c'est-à-dire de la vitalité par excellence, qu'elles ont été exclues de la vieille conception de la production. Cela dit, dire « devenir-femme du travail », c'est à la fois dire trop et trop peu. C'est dire trop peu parce que cette transformation ne comprend pas formellement en elle tout ce que le féminisme nous a appris. Mais c'est dire trop, parce que ce qui nous intéresse aujourd'hui, c'est la transgressivité générale du travail : une transgressivité qui se joue entre l'homme, la femme et la communauté au sein d'une reproduction générale de la société à laquelle contribuent aussi bien les processus de production de savoir, de richesse, de langage et d'affects.

Si j'essaie d'être critique avec moi-même et que je pense à la distinction classique entre production des marchandises (fondamentalement attribués aux hommes, car même quand il y avait d'autres sujets on parlait toujours d'ouvriers-mâles-blancs-habitants des villes, etc.) et reproduction de la force de travail (exclusivement par les femmes) et à ses conséquences, c'est-à-dire l'exclusion des femmes de la capacité à produire de la valeur – de la valeur économique, s'entend –, et si je pense que nous avons été, nous aussi, à l'intérieur de l'opéraïsme classique, prisonniers de cette mystification, je crois qu'aujourd'hui le devenir-femme du travail est une idée absolument extraordinaire. On est confrontés à un devenir-femme du travail parce que la reproduction, les processus de production et de communication, les investissements affectifs, les investissements qui concernent l'éducation et la reproduction matérielle des cerveaux, sont en train de devenir toujours plus essentiels. Bien entendu, il est évident que les femmes ne seront pas les seules à s'occuper de tout cela : c'est une masculinisation des femmes et une féminisation des hommes qui est à l'œuvre de manière inéluctable à l'intérieur de ce mécanisme. Cela me semble d'une importance capitale.

La multitude

Il faudrait commencer par une petite précision historique. Le terme de multitude était un terme péjoratif, négatif, qui était utilisé par la science politique classique. La multitude, c'était l'ensemble des personnes qui vivaient dans un monde pré-social qu'il s'agissait de transformer en une société politique, une société, et qu'il s'agissait donc de dominer. La multitude, c'est un terme de Hobbes qui signifie exactement cela. Dans toute la science politique classique, moderne et post-moderne, le terme de multitude se transforme par la suite en plèbe, en peuple, etc. L'homme d'État, c'est celui qui se trouve face à une multitude qu'il doit dominer. Tout cela, c'est à l'époque moderne, et donc avant la formation du capitalisme. Il est évident que le capitalisme a modifié les choses, parce qu'il a transformé la multitude en classes sociales. Cette rupture de la multitude en classes sociales a fondé toute une série de critères qui étaient des critères de redistribution de la richesse, et auxquels ces classes étaient subordonnées à travers une division du travail très spécifique et tout à fait adéquate. Aujourd'hui, dans la transformation du moderne en post-moderne, le problème redevient celui de la multitude. Dans la mesure où les classes sociales en tant que telles se délitent, le phénomène de l'auto-concentration organisatrice des classes sociales disparaît. On se trouve donc à nouveau face à un ensemble d'individus, et pourtant cette multitude est devenue absolument différente. C'est une multitude qui est le résultat d'une massification intellectuelle ; elle ne peut plus être appelée plèbe ou peuple, parce que c'est une multitude riche. J'ai repris le terme multitude à Spinoza, parce que Spinoza raisonnait dans le cadre de cette anomalie extraordinaire qu'était la grandissime République hollandaise. Braudel la considérait comme le centre du monde : c'était une société où, dès le XIIe siècle, l'éducation obligatoire existait déjà. La structuration de la communauté y était extrêmement forte, et une forme « d'État-providence », extrêmement large, y existait aussi. Les individus étaient déjà riches. Or Spinoza pense précisément que la démocratie est l'accentuation maximale de l'activité créatrice de cette multitude riche. J'ai donc employé ce terme de Spinoza, qui avait lui-même renversé un terme de multitude considéré comme négatif – ce négatif que Hegel nommera plus tard « la bête féroce », c'est-à-dire ce qu'il faut organiser et dominer. Et cette multitude riche que Spinoza concevait au contraire comme la véritable contre-pensée du moderne, dans une continuité qui va de Machiavel à Marx et dont Spinoza constitue un peu le centre, le sommet, le moment de passage ambigu, anormal et fort, cette idée de la multitude c'est exactement le concept auquel on faisait allusion plus haut. Il existe aujourd'hui une multitude de citoyens, mais parler de citoyens, ce n'est pas suffisant, parce que c'est simplement qualifier en termes théoriques et juridiques des individus qui sont formellement libres. Il faudrait plutôt dire qu'il existe aujourd'hui une multitude de travailleurs intellectuels. Mais cela ne suffit pas non plus. En fait, il faut dire qu'il existe une multitude d'instruments productifs qui ont été intériorisés, incarnés à l'intérieur des sujets qui constituent la société. Mais là encore, c'est insuffisant : parce qu'il faut ajouter la réalité affective, reproductive, les désirs de jouissance. Voilà, c'est cela, aujourd'hui, la multitude – une multitude qui ôte au pouvoir toute transcendance possible, *et qui ne peut être dominée* si ce n'est de façon parasitaire, donc féroce.

Le devenir-mineur dans *Mille Plateaux* de Gilles Deleuze et Félix Guattari

Lorsque Deleuze et Guattari écrivent ce livre, on est au début des années 80. Ils vivent à l'époque la crise de l'ouvrier-masse des grandes usines de l'automobile, de la sidérurgie, de la production de masse, avec une très forte capacité d'anticipation. Ils lisent les phénomènes émergents des formes « marginales » du travail en révolte, ce que nous avons appelé dans la moitié des années 70 l'« ouvrier social », ceci pour souligner que la production de la richesse et l'exploitation débordaient l'usine et investissaient la société dans son ensemble, comme un « devenir-minoritaire ». Du point de vue de l'analyse phénoménologique, la caractérisation socio-politique de *Mille Plateaux* ne va pas beaucoup plus loin que cela. Je crois cependant que Deleuze et Guattari ont pensé à ces genèses, à cette généalogie de la multitude, dans des termes qu'il est difficile de retrouver aujourd'hui. Ils ont contribué, à travers cette fine analyse de la constitution des minorités, à construire un nouveau concept de majorité qui en change le sens, parce que c'est désormais un ensemble pluriel de capacités productives, de capacités de coopération, de désirs. Ce qu'ils montrent, c'est un moment de résistance, un moment de transition qui me semble d'une importance extrême. Et c'est précisément dans ces pages qu'ils citent les « opéraïstes italiens » et leurs travaux sur les nouvelles subjectivités productives qui débordent le travail salarié classique, comme la référence pratique de leur propre expérience. Je crois que le raisonnement de Gilles et Félix va dans ce sens. Si l'on prend le dernier travail de Deleuze, *La Grandeur de Marx*, on y trouve d'ailleurs une idée formidable : parce qu'il est question de traduire une prise de position épistémologique comme celle que représente la définition du « nom commun » (un ensemble de perceptions qui constituent un concept) en construction linguistique d'une communauté épistémologique. Il s'agit donc de la traduction de ce processus de production du « nom commun » en un processus ontologique. Le communisme, c'est la multitude qui devient commune. Ce qui ne signifie pourtant pas qu'il y ait un présupposé, une idée, quelque chose de métaphysiquement caché, ou qu'il y ait une unité : c'est le commun qui s'oppose à l'un, c'est un anti-platonisme poussé à l'extrême. C'est le retournement même de l'idée de communisme telle qu'elle avait été anticipée dans le développement de la pensée, et selon laquelle l'utopie constituait nécessairement l'unité, résolvait le problème de l'unité et de la souveraineté du pouvoir. Ici, c'est la multitude qui constitue le commun. C'est cela, si j'ai bien compris, le concept de communisme qui était construit dans le livre inachevé de Deleuze, *La Grandeur de Marx*.

Biopolitique productive

Quand on parle de biopolitique, on parle avant tout de la politique de reproduction des sociétés modernes, c'est-à-dire de l'attention que l'État moderne porte à la reproduction des ensembles démographiques actifs. La biopolitique est donc cette perspective à l'intérieur de laquelle les aspects politico-administratifs s'ajoutent aux dimensions démographiques, afin que le gouvernement des villes et des nations puisse être saisi de manière unitaire en réunissant tout à la fois les développements « naturels » de la vie et de sa reproduction, et les structures administratives qui la disciplinent (l'éducation, l'assistance, la santé, les transports, etc.). À l'époque moderne, dans la première phase du développement capitaliste, et au moment où se définissait l'État-Nation, la biopolitique devient cette forme de gouvernement total. Il ne s'agit là que d'une première définition, mais elle est très importante, dans la mesure où elle se débarrasse de la pure figure de l'État juridique (selon la théorie politique moderne) conçu comme sujet exclusif de l'histoire. Au contraire, elle le montre d'entrée de jeu comme étant complètement inséré dans la société, occupé aux aléas de la reproduction. Une fois qu'on s'est donc donné cette définition, il faut cependant avancer encore et se demander ce que signifie biopolitique quand on entre dans le post-moderne, c'est-à-dire dans cette phase du développement capitaliste où triomphe la subordination réelle de la société tout entière sous le capital. À ce moment là, quand l'articulation de la société et celle de l'organisation productive du capital tendent à s'identifier, le biopolitique change de visage : il devient biopolitique productif. Ce qui signifie que le rapport entre les ensembles démographiques actifs (l'éducation, l'assistance, la santé, les transports, etc.) et les structures administratives qui les parcourent est l'expression directe d'une puissance productive. La production biopolitique naît de la connexion des éléments vitaux de la société, de l'environnement ou de l'*Umwelt* dans lesquels ils sont insérés, et considère non pas que l'État est le sujet de cette connexion, mais au contraire que l'ensemble des forces productives, des individus, des groupes devient productif au fur et à mesure que les sujets sociaux se réapproprient l'ensemble. Dans ce cadre, la production sociale est complètement articulée à travers la production de subjectivité.

Dans Foucault, le concept de biopolitique est un concept fondamentalement statique et une catégorie fondamentalement historique. La production de subjectivité que le biopolitique moderne déterminait était une production de subjectivité encore, dans ce cas, presque toujours neutralisée. L'énorme effort foucaldien pour rapporter les filières du biopolitique à la détermination de la subjectivité ne s'est jamais conclu.

Voilà ! Le grand passage que nous sommes en train d'effectuer en entrant dans le post-moderne, et qui consiste à considérer le biopolitique productif comme quelque chose dans lequel la symbiose et la confusion entre les éléments vitaux et économiques, les éléments institutionnels et administratifs, la construction du public, peut être conçue seulement comme production de subjectivité. Nous sommes pratiquement en train de retourner les choses par rapport à la théorie post-moderne. Lorsque tu prends les producteurs du concept de post-moderne, les Lyotard, Baudrillard, etc., tu comprends qu'ils ont pris le cadre biopolitique et l'ont vidé de toutes ses dimensions productives, et quand je dis productive, je veux dire activité subjective de production. Ils l'ont vidé et ils ont obtenu cet horizon lisse sur lequel tout circule en termes complètement insensés, si ce n'est le fait qu'un ordre transcende l'insanité des mouvements sociaux et de la vie sociale. Nous avons fait la tentative pour retourner vraiment les choses : prendre ce processus du point de vue de la dynamique subjective qui le détermine et de la possibilité qu'a chacune de ces dynamiques subjectives données d'interrompre le cadre, d'interrompre la synthèse.

Nous avons transformé ce qui était un horizon lisse en un horizon fractal et de ce point de vue nous avons repris complètement le discours deleuzo-guattarien de *Mille Plateaux,* parce que c'est précisément là que la possibilité de la révolution de nouveau s'installe.

L'entrepreneur biopolitique

Ici encore, et comme toujours, on parle à l'intérieur d'une sphère dont tous les concepts doivent être renversés pour devenir des termes directs. Il faudrait vraiment réussir à inventer un langage différent, même lorsqu'on parle de démocratie ou d'administration. Qu'est-ce que c'est que la démocratie du biopolitique ? Bien évidemment, ce n'est plus la démocratie formelle mais la démocratie absolue, spinozienne, immanente à la multitude qui considère toute transcendance du pouvoir comme domination. Jusqu'à quel point un concept comme celui de biopolitique est-il définissable en termes de démocratie ? Il n'est, en tout cas, pas définissable en termes de démocratie constitutionnelle classique. Et c'est la même chose quand on parle d'entrepreneur. Et *a fortiori* quand on parle d'entrepreneur politique – mieux, d'entrepreneur « biopolitique » –, c'est-à-dire de quelqu'un qui réussit à articuler point par point les capacités productives d'un contexte social. Que dire de cette figure ? Cet entrepreneur collectif doit-il avoir une récompense ? Il ne serait pas scandaleux de penser que oui, à condition qu'on l'évalue à l'intérieur du processus biopolitique. Je crois qu'on se trouve là à l'opposé de toutes les théories capitalistes de l'entrepreneur parasite. Ici, il s'agit d'un entrepreneur ontologique, d'un entrepreneur du plein qui veille essentiellement à construire un tissu productif. On a toute une série d'exemples à disposition, qui ont tous été, chacun à leur manière, très positifs. On ne les trouve probablement que dans certaines expériences de communautés, de collectivités rouges – des coopératives, fondamentalement –, ou encore dans certaines expériences de communautés blanches, solidaristes : c'est dans ces cas-là qu'on a eu des exemples d'entrepreneuriat collectif. Comme d'habitude, il faudrait aujourd'hui commencer à parler non seulement de l'entrepreneur politique mais aussi de l'entrepreneur biopolitique, c'est-à-dire d'un sujet qui organise l'ensemble des conditions de reproduction de la vie et de la société, et pas seulement l'« économie ». Il faudrait distinguer entre l'entrepreneur biopolitique inflationniste et l'entrepreneur déflationniste ; entre un entrepreneur biopolitique qui détermine, dans la communauté qu'il organise, des désirs et des besoins toujours plus grands et toujours nouveaux, et l'entrepreneur qui réprime, qui « rediscipline » sur le terrain biopolitique les forces qui sont en jeu. Je suppose qu'un entrepreneur du Sentier, pour parler de recherches que nous avons menées en France, est l'exemple d'un entrepreneur biopolitique qui agit souvent à la déflation. C'est la même chose pour Benetton. Je crois vraiment que le concept d'entrepreneur, en tant que figure du militant à l'intérieur de la structure biopolitique – un militant porteur de richesse et d'égalité –, est un concept qu'il faut commencer à formuler. S'il existe une cinquième, une sixième ou une septième Internationale, son militant sera sur ce modèle. Il sera tout à la fois, d'un point de vue biopolitique, entrepreneur de subjectivité et entrepreneur d'égalité.

Le salaire garanti

Il y a des conceptions réductrices du salaire garanti comme celles que nous avons connues en France, par exemple avec le Rmi, qui est une des formes de salarisation de la misère. Ce sont des formes de salarisation de l'exclusion, des nouvelles lois sur les pauvres. À une masse de pauvres, à des gens qui travaillent mais qui ne réussissent pas à s'insérer de manière constante dans le circuit du salaire, on attribue un peu d'argent afin qu'ils puissent se reproduire et qu'ils ne provoquent pas de scandale social. Il existe donc des niveaux minimums de salaire garanti, de subsistance, qui correspondent à la nécessité qu'une société a d'éviter de créer le scandale de la mortalité, le scandale de la « pestilence » puisque l'exclusion peut se transformer en pestilence. Les lois sur les pauvres sont précisément nées face à ce danger, dans l'Angleterre des XVIIe et XVIIIe siècles. Il y a donc des formes de salaire garanti de ce type. Mais le problème du salaire garanti est tout autre. Il s'agit de comprendre que la base de la productivité n'est pas l'investissement capitaliste mais l'investissement du cerveau humain socialisé. En d'autres termes : le maximum de liberté et de rupture du rapport disciplinaire à l'usine, le maximum de liberté du travail, devient le fondement absolu de la production de richesse. Le salaire garanti signifie la distribution d'une grande partie du revenu, tout en laissant aux sujets productifs la capacité de dépenser ce revenu pour leur propre reproduction productive. Il devient l'élément fondamental. Le salaire garanti est la condition de reproduction d'une société dans laquelle les hommes, à travers leur liberté, deviennent productifs. Bien évidemment, à ce moment-là, les problèmes de production et d'organisation politique deviennent identiques. Si l'on tient le raisonnement jusqu'au bout, on est amené à unifier l'économie politique et la science de la politique, la science du gouvernement. Seules les formes de la démocratie – une démocratie radicale et absolue, mais je ne sais si le terme de démocratie peut encore être utilisé ici – sont susceptibles d'être les formes qui déterminent la productivité : une démocratie substantielle, réelle, et dans laquelle l'égalité des revenus garantis deviendrait toujours plus grande, toujours plus fondamentale. On pourra toujours débattre par la suite, avec réalisme, des mesures incitatives, mais ce sont des problèmes qui ne nous intéressent pas vraiment. Aujourd'hui, le vrai problème, c'est de renverser le point de vue selon lequel la critique de l'économie politique se développerait elle-même, c'est-à-dire la nécessité de l'investissement capitaliste. Ce n'est pas nouveau, on a discuté pendant des années de la réinvention fondamentale de la coopération productive à travers la vie, qu'elle soit linguistique, affective ou qu'elle appartienne aux sujets. Le salaire garanti, en tant que condition de reproduction de ces sujets dans leur richesse, devient donc aujourd'hui essentiel. Il n'y a plus besoin d'aucun levier de pouvoir, il n'y a plus besoin d'aucun transcendantal, ni d'aucun investissement dont la fonction aujourd'hui n'est pas, comme on dit, « d'anticiper les emplois de demain », mais d'anticiper et commander les divisions à l'intérieur du prolétariat entre chômeurs et actifs, entre assistés et productifs, entre « affiliés » et « désaffiliés ». Il s'agit d'une utopie, de ce type d'utopie qui devient une machine de transformation du réel à la seule condition qu'on la mette en action. Une des choses les plus belles aujourd'hui, c'est précisément le fait que cet espace public de liberté et de production commence à se définir, portant vraiment en lui la destruction de ce qui existe comme organisation du pouvoir productif, et donc comme organisation du pouvoir politique.

La réduction du temps de travail

Quand la réduction du temps de travail devient un mythe selon lequel on peut maintenir l'emploi industriel tout en réduisant le temps de travail des ouvriers qui travaillent, il n'y a rien à ajouter : c'est un mythe. Les rythmes de l'informatisation et de l'automation du travail productif fordiste évoluent si rapidement qu'il n'y a pas de réduction du temps de travail qui tienne. Aujourd'hui, pour reprendre ce que disent Gorz d'une part, Fitoussi, Caillé ou Rifkin de l'autre, il suffirait, pour garantir le niveau de développement et d'augmentation des rythmes d'automation et d'informatisation qui ont assuré le plein emploi, de travailler deux heures par jour. Ce qui représente deux jours, au maximum deux jours et demi par semaine. Si la ligne politique d'une certaine gauche pour la réduction du temps de travail est une ligne politique qui entend maintenir l'emploi de la force de travail garantie, il s'agit d'une mystification pure et simple.

Plaçons-nous maintenant sur l'autre terrain, c'est-à-dire en considérant que la production ne passe pas tant par les ouvriers garantis que par la mobilité et par la flexibilité, par la formation et par la requalification continue de la force de travail social. Et que cette production passe aussi bien à travers les activités qui s'appliquent immédiatement au travail qu'à travers la production scientifique et ses langages, ou à travers la construction d'une communauté d'affects. Si l'on assume cette conception dynamique, flexible, mobile, fluide, arborescente de la productivité, il faut la garantir. Et la garantir, qu'est-ce que cela signifie ? Cela signifie donner le salaire garanti à tout le monde. Avec trois caractéristiques fondamentales : non seulement le salaire pour tous, mais également selon une règle d'égalité à l'intérieur de la société. Le salaire garanti ne doit pas être seulement une règle qui permette à tous de subsister à l'intérieur de ce processus, il doit être aussi une règle qui permet, à ce haut niveau de besoins et de capacités productives, les capacités d'appropriation monétaire du plus grand nombre possible de citoyens. De ce point de vue, se poser le problème du salaire garanti – et c'est là le troisième élément –, ce n'est pas simplement un problème d'aménagement du travail et de la productivité. C'est un problème qui touche immédiatement à la fiscalité et à la comptabilité de l'État, qui concerne les éléments fondamentaux de l'organisation : c'est effectivement un processus révolutionnaire. Et ce que je ne comprends pas, c'est comment on peut résister à cela.

II

L'Empire

Comment définir l'Empire ? C'est la forme politique du marché mondial, c'est-à-dire l'ensemble des armes et des moyens de coercition qui le défendent, des instruments de régulation monétaire, financière et commerciale, et enfin, au sein d'une société mondiale « biopolitique », l'ensemble des instruments de circulation, de communication et de langages. Chaque société capitaliste a besoin d'être commandée : l'Empire est le commandement exercé sur la société capitaliste mondialisée. Ses conditions sont, d'une part, l'extinction de l'État-Nation (tel qu'il a été compris pendant des siècles et tel que quelques entêtés continuent à le voir) ; de l'autre, la fin des impérialismes « vieille manière » (et du colonialisme), qui n'étaient rien d'autre que des prolongements de l'État-Nation. Dans l'horizon impérial, l'espace et le temps de la vie se trouvent profondément transformés. L'espace, parce que désormais les marchandises et les langages, la production et la reproduction, ne trouvent plus aucune limite à leur circulation ; le temps, parce que celui-ci s'est arrêté et pour ainsi dire fixé sur l'existence du gouvernement impérial. Et les idéologues impériaux de conclure de fait : l'histoire est finie. Les guerres sont finies : elles sont désormais devenues des rivalités entre bandes armées, que l'Empire régule par l'intervention de ses gendarmes. L'autonomie des politiques sociales et économiques des États-Nation est finie : tout doit être maintenant réglé en fonction des comptabilités et des équilibres du système financier mondial. Je crois que la guerre du Golfe, immédiatement après la chute du mur de Berlin, représente l'élément traumatisant qui nous a fait comprendre que nous vivons déjà dans l'Empire. Mais la guerre du Golfe est également importante parce qu'elle nous a montré de quelle manière la communication peut être gérée dans le contexte impérial. Comme le dit Baudrillard, ce n'est pas une guerre où l'on s'est battu. C'est une guerre qui n'a jamais existé, c'est une guerre qui a inventé son récit, son histoire. Après cela, il y a eu Timisoara et toute une série d'éléments extrêmement importants pour définir la nouvelle situation impériale qui est désormais la nôtre, une situation dans laquelle les choses les plus infâmes, les massacres les plus effroyables peuvent être tour à tour dissimulés ou simulés. Maintenant, quel est le problème ? Le problème, c'est de comprendre comment l'action, le discours, la résistance d'un prolétariat devenu désormais intellectualité de masse se confrontent à cette réalité. Paradoxalement, ce sont les travailleurs eux-mêmes qui produisent les images, les langages et les formes utilisés pour construire la falsification du monde, pour transformer le sens de la réalité, pour enlever à cette réalité toute signification antagoniste. Le problème principal devient alors l'identification, à partir des forces qui vivent dans ce type de monde et qui sont entrées dans ce nouveau genre de réalité, d'une forme d'expression matérielle. Non pas une forme d'expression alternative – l'alternative implique toujours une certaine allusion ou une analogie au « vieux » –, mais une expression au contraire qui réussisse à trouver, à l'intérieur de cette unification forcée, mondialisée et communicative, des points d'appui, des points de rupture, des points susceptibles de constituer du nouveau.

Los Angeles, Chiapas, Paris 1995

Ces luttes montrent comme toujours l'énorme puissance et l'immense difficulté qu'il y a à poser aujourd'hui le problème du changement dans les rapports de force, à l'intérieur d'un monde déjà constitué. Les luttes de Los Angeles sont des luttes dans lesquelles tout le malaise urbain, métropolitain, des franges « marginalisées » s'exprime sous les formes les plus intenses : par l'occupation du territoire, par le saccage de la richesse exposée dans cette vitrine du monde qu'est Los Angeles. Los Angeles, c'est Hollywood, c'est le centre des plus grandes industries de l'image mondiales, et par conséquent le plus grand centre de production de langages.

Le Chiapas, ce n'est plus une révolte bourgeoise et tiers-mondiste pour le développement capitaliste, c'est au contraire une révolte qui s'enracine dans la recherche d'une identité et d'un contre-pouvoir permanent face aux modèles de développement.

Les événements de 1995 à Paris, c'est une lutte qui s'organise de manière très ambiguë au début, mais dont la forme – le blocage des transports publics, dans la capitale et en province – devient le moyen de constituer un nouvel espace public absolu, face à une mondialisation qui joue sur les contrastes pour mieux les neutraliser. C'est l'émergence d'une singularité qui est une demande de collectif. Il s'agit donc de trois épisodes de luttes qui portent en eux un moment de résistance contre la constitution d'un centre mondial de direction, contre la forme politique de la globalisation des marchés. Trois épisodes qui recèlent une petite clef, minuscule mais probablement fondamentale, la clef de l'autonomie et de l'indépendance des sujets à l'intérieur de la constitution de l'espace public. Ces trois luttes peuvent-elles, prises comme elles le sont dans leurs différences et dans leur absence de communication, constituer « la chose commune » des années 90, c'est-à-dire l'expérience limite, cruciale et paradigmatique d'un processus révolutionnaire à venir, d'une humanité à venir ? Je l'ignore.

Les grèves de 1995

On pouvait, selon moi, y voir apparaître facilement un nouveau paradigme de la production, à différents niveaux. Le niveau le plus élémentaire, c'était celui de la reconstruction de la communauté urbaine à travers le caractère aléatoire des transports de surface – ni les métros ni les autobus ne fonctionnaient plus. Il s'est alors produit un incroyable phénomène, qui a duré deux mois : les gens montaient dans les voitures, ils s'organisaient collectivement, ou bien ils vivaient dans de véritables queues en attendant le passage d'un véhicule susceptible de les charger. La socialisation, la communauté et la joie qui s'y sont exprimées ont été incroyables, énormes. Mais il s'agit d'un phénomène de surface, même s'il n'était pas dénué d'importance du point de vue des mœurs, puisqu'il manifestait la croissance de la richesse des affects communautaires existant désormais au sein des populations métropolitaines. Il y a un second élément qui a joué, et qui concernait la conception du service public. Le service public a en effet été conçu, pendant les grèves, comme une pré-condition fondamentale de la production. Les gens ne sont pas allés défendre les privilèges des ouvriers du service public, ils sont allés défendre le caractère public – c'est-à-dire communautaire et collectif – de tous les services, dans la mesure où ceux-ci constituaient la condition de la production, et donc la condition de la vie de tout un chacun. Les services doivent donc être ramenés à la vie, au « biopolitique ». Le troisième élément d'importance, enfin, c'était de briser les conceptions de la privatisation qui existaient. La privatisation, qu'est-ce que cela signifie ? Cela signifie remettre les biens publics entre les mains des patrons – mais cet aspect-là, à la limite, peut être jugé secondaire. Le vrai problème, c'est que les remettre entre les mains des patrons, cela veut dire diminuer la capacité des gens à jouir de la richesse, à désinflationner le commun, alors qu'en réalité la poussée vers l'inflation, vers une inflation de nouveaux désirs, est fondamentale. On a assisté en France, donc pour la première fois dans un pays du capitalisme développé, à des phénomènes de construction communautaire d'une importance extrême, dans la mesure où ils donnaient lieu à la constitution d'assemblées générales au sein desquelles différents secteurs corporatistes brisaient les lignes verticales de commandement et créaient des « soviets ». Les assemblées générales étaient de véritables « soviets », c'étaient des instances communautaires décidant politiquement des comportements de toutes les catégories. Il s'agissait par conséquent d'une rupture pratiquement définitive du rapport de la base au sommet, et c'était une rupture sans fantasmes, parce que les mouvements de coordinations eux-mêmes n'avaient pas réussi, dans la deuxième partie des années 80, à assumer la « généralité » des assemblées générales. Tout cela s'est toujours déroulé avec une incroyable intelligence : il n'y a jamais eu de tendance extrémiste, cela a toujours fonctionné. Par la suite, l'autre élément c'était l'intériorisation biopolitique du service public. Il ne s'agissait pas tant de défendre certains intérêts corporatistes que d'assumer cette dimension du « public » comme forme préliminaire à toute production. C'était donc une critique énorme du privé. Enfin, on a pu voir la critique aux libéraux poussée à l'extrême en termes extrêmement incisifs, à travers l'émergence de formes de haine de classe.

Albanie

Cette étrange province du Tiers-Monde, ou peut-être d'un « Deuxième-Monde » du socialisme réel ou soviétique en crise, propose un phénomène de fuite : non plus une fuite face à la guerre civile, mais l'étrange figure post-moderne d'une recherche de travail, de richesse et de culture vers lesquels aller. Cette île étrange, ce bizarre pays qu'est l'Albanie – complètement coupé du monde pendant si longtemps, ligoté en permanence par des idéologies et des structures administratives aberrantes –, au moment où il se libère, ne part plus à la recherche de l'État, de la constitution d'un État, mais simplement à la recherche de la liberté : les Albanais partent tous en bateau. Qu'arrive-t-il alors ? Pour réguler cette force de travail et la bloquer, pour empêcher les arrivées en masse qui déséquilibrent les marchés et les pays au capitalisme avancé, on tente à tout prix, de l'extérieur et par la force, de restaurer l'État. Ce que vit actuellement l'Albanie, c'est un paradoxe qui me semble assez intéressant. Cela dit, il y a eu, au cours de l'histoire du capitalisme, d'autres moments où la nécessité de jouer sur une très forte mobilité de la force de travail et la nécessité de réussir à la réguler se sont croisées. Toute l'accumulation capitaliste est passée par cette version de Charybde et Scylla, par cette alternative. Dans le cas albanais, on tentera sans doute des formes intermédiaires de blocage des populations, comme cela a été le cas en particulier en Angleterre, au début de l'histoire du capitalisme, avec les lois sur les pauvres : des lois qui cherchaient essentiellement à arrêter les flux de la force de travail.

Métissages

Je vois vraiment se construire – au moins tendanciellement – un nouvel ordre dynamique dans le mouvement de populations, ce qui signifie des métissages toujours plus larges, des capacités d'intégration culturelle toujours plus vastes. Métissage et intégration culturelle peuvent même rentrer dans l'ordre productif jusqu'à un certain point, mais à partir d'un certain moment, ils deviennent le levier qui peut faire définitivement sauter le dernier ordre des nations. Je trouve très beau que le pouvoir capitaliste, qui doit toujours être reterritorialisé, qui doit toujours devenir la règle, en vienne à être renversé par ces mouvements.

Nord-Sud

Il n'y a plus de murs, cela me semble important. Bien évidemment, il y a toujours des tentatives pour déterminer des exclusions, mais les murs se trouvent autant à l'intérieur de chaque pays qu'entre un pays et un autre, autant au milieu de la Méditerranée qu'à Paris, autant au milieu du Pacifique qu'à Los Angeles. La distinction entre Nord et Sud n'a plus de sens, sauf si elle est envisagée à l'intérieur de certains dispositifs déterminés par lesquels on tente de recontrôler les mouvements de la force de travail. Il n'y a donc plus de Nord et de Sud, mais simplement la participation à la production ou au contraire l'exclusion hors de celle-ci : dans certaines situations, les gens sont mis en condition de travailler – naturellement toujours à un moindre coût –, dans d'autres, les gens en viennent à être exclus du travail, et cette exclusion joue comme une menace. Pourtant, ces situations d'exclusion du travail sont aussi, comme on l'a déjà vu, des situations productives.

Sans papiers

Les luttes des sans papiers indiquent selon moi quelque chose de fondamental : la demande d'un droit de citoyenneté, la revendication d'une présence sur le territoire d'intensité toute biopolitique. Une demande radicale de droit de citoyenneté pour ceux qui se déplacent, qui représente un élément subversif pour l'ordre national du droit, dans la mesure où elle est la première transcription en termes politiques d'une situation devenue désormais générale. Cela équivaut vraiment à demander la loi, à réclamer un droit de citoyenneté parce qu'on travaille, parce qu'on s'est déplacé à l'intérieur du marché mondial du travail désormais intégré. Il s'agit donc d'une rupture politique du nouvel ordre productif mondial et un processus de recomposition de mouvements qui en sortent. Il faudrait réussir à imaginer le fait d'être des citoyens du monde au sens plein du terme, et à réaliser non plus l'internationale des travailleurs mais une communauté de tous les hommes qui veulent être libres. Comme le dit Sergio Bologna, les luttes des sans papiers préfigurent une « démocratie apatride ».

Travail immatériel et migrants

Quand on parle de travail immatériel, on ne parle pas simplement de travail intellectuel. On parle de travail intellectuel en tant que travail corporel, c'est-à-dire qu'il comprend évidemment l'intellect, mais on l'envisage dans sa plasticité, dans sa malléabilité, dans sa capacité à s'insérer dan n'importe quelle situation. Le travail immatériel est, selon moi, une catégorie qui permet précisément de comprendre à fond cette plasticité de la nouvelle force de travail. Il y a bien sûr des différences quand on parle d'intellectualité de masse, et quand on parle des flux d'immigrés qui forment, eux aussi, des flux de force de travail intellectuel. Même dans le cas du Maghreb par exemple, ou dans d'autres situations du même genre, les immigrés sont en général des gens qui ont fait des études supérieures, bac + 3 ou + 4, qui ont parfois déjà des licences ou des maîtrises. Mais c'est tout à fait secondaire par rapport à la caractéristique fondamentale de cette force de travail : une mobilité, une plasticité qui lui permettent de s'insérer à tout moment dans l'immatérialité des flux productifs.

L'exil

Il faut faire très attention à cette histoire. À mon avis, l'exil tel que nous l'avons vécu a été extrêmement linéaire. Mais l'exil et le nomadisme prolétariens sont deux choses profondément différentes. En réalité, nous avons vécu – à cause de nos origines et de la culture que nous avions, à cause du caractère de notre action – une expérience du XIXe siècle.

Expériences souvent amères et dures, commeeèlles l'ont été à l'époque, mais finalement dans la continuité – et dans la transformation – de ce qu'a été l'expérience des vieux émigrés politiques.

Aujourd'hui, la thématique de l'exil se confond, au contraire, avec celles du nomadisme et du métissage : il s'agit de prendre au sérieux tout à la fois la présence du prolétariat sur le marché mondial de la force de travail, et le fait qu'elle se confond avec le métissage des savoirs et par conséquent avec cette flexibilité qui augmente à travers le travail matériel-immatériel, avec cette nouvelle forme d'action et de coopération dans le travail.

Je dirais par conséquent que notre exil a été le paradigme littéraire de phénomènes réels. Mais aussi que chacun d'entre nous est passé par le chantier, par le café, par le travail dans les lieux les plus étranges, avant d'arriver à la reconquête d'une position intellectuelle plus ou moins forte, à la possibilité d'une circulation dans les nouveaux bassins de la force de travail immatérielle. Cela dit, je crois qu'en réalité la continuité de notre discours est plutôt liée aux grandes traditions classiques de l'exil.

III

De senectute

Plus que sur le vieillissement, la réflexion de Deleuze quand il dit que ce qui le fascine dans le vieillissement c'est la diminution de la puissance d'agir, me semble porter sur la maladie. J'ai toujours eu l'impression que toutes les évaluations de Deleuze étaient des réflexions sur la maladie, en particulier quand il cite Spinoza – qui est un cas classique, dans la mesure où il est mort à quarante ans de maladie, et non de vieillissement. Pour ce qui me concerne, je suis en parfaite santé, on vient de me faire un check-up, on a vérifié que ma santé était excellente à tout point de vue. Le vieillissement, je l'attends, mais je pense en fait que c'est une chose complètement différente : un élargissement de la capacité d'agir, un élargissement dans la simplicité et dans la douceur. Le vieillissement n'est pas une cessation mais, au contraire, une extension douce et apaisée de la capacité d'agir. Au cours du vieillissement, la mort ne se présente pas comme un élément interstitiel qui couperait la vie, mais plutôt comme une chose que le sens de l'éternité, et donc l'intensité de la vie, peuvent toujours surmonter. Fondamentalement la mort n'existe pas : quand on existe, la mort n'existe pas, et quand la mort existe, on a fini d'exister. La possibilité de surmonter la mort n'est pas le grand rêve de la jeunesse mais celui de la vieillesse. Réussir à organiser la vie pour surmonter la mort est un devoir de l'humanité, un devoir aussi important que celui de faire cesser l'exploitation, qui est une cause de mort. Surmonter la mort est un grand progrès. La mort n'est pas nécessaire à la vie, c'est quelque chose qui est en plus de la vie. Tout comme la vieillesse n'est pas une approche de la mort mais une jouissance différente de la vie, à tous les points de vue – du point de vue intellectuel, du point de vue sexuel, dans les rapports sociaux... Je suis un grand admirateur de tous ceux qui ont écrit des *De Senectute,* non pas que les vieux soient plus sages, mais simplement parce que dans la vieillesse on peut vivre davantage. J'ai toujours été dégoûté par les rapports sexuels et l'érotisme des jeunes, avec leur rapidité, leur violence de désirs animaux. Ce qui me plaît c'est la douceur, c'est le temps ; c'est l'intellectualité, l'immatérialité des rapports. On ne commence à avoir ce type de rapports que lorsqu'on a un certain âge. Et quand on a mené un certain type de réflexion. C'est un hédonisme, mais un hédonisme supérieur, que les gens appellent vieillesse et qui est en réalité la forme la plus élevée de la vie, une forme qu'il faut complètement récupérer. Je le fais en m'opposant à des conceptions terriblement irrationnelles et idiotes de la vie et de la mort, de la jeunesse et de la vieillesse, qui ont été inventées lorsque le rythme de la vie était différent, et quand l'espérance de vie moyenne ne dépassait pas trente-cinq/quarante ans. Nous pensons encore comme si nous étions des hommes de l'Antiquité, alors que nous appartenons à un monde où vivre jusque cent ans est un minimum. De ce point de vue, il me semble que tous les vieux devraient continuer à travailler, parce que la retraite est une chose absurde. On touche vraiment là à quelque chose qui relève d'un changement radical de l'ontologie du présent. Et pourtant, il me semble que sur le problème du vieillissement on ne répète que des lieux communs, même dans les phrases de Deleuze…

Éternité

La conception matérialiste de l'éternité, c'est celle qui consiste à ne renvoyer les actions qu'à la responsabilité de ceux qui les accomplissent. Chaque action est singulière, elle n'influe donc que sur elle-même, et ne renvoie rien d'autre qu'aux relations qu'elle détermine et à la continuité des rapports qu'elle entrctient avec les autres. Chaque fois que l'on fait quelque chose, on en accepte la responsabilité : cette action vit pour toujours, dans l'éternité. Il ne s'agit pas d'immortalité de l'âme mais d'éternité des actions accomplies. C'est l'éternité du présent vécu à chaque instant qui passe : une plénitude complète, sans transcendance possible, fût-elle logique ou morale. C'est cela, l'intensité de l'action et de sa responsabilité. On comprend alors pourquoi je peux, par exemple, dire à une femme qui m'a trahie qu'elle est une salope : si je le disais dans l'immortalité, il n'y aurait aucune raison à cela ; mais dans la responsabilité de l'acte que chacun s'assume, je peux bien être un salaud, ou elle peut bien être une salope, parce que chacun d'entre nous est un salaud ou une salope dans la responsabilité qu'il a de ses propres actes concrets. Il n'y a pas de renvoi de la responsabilité : chacun de nous est responsable de sa singularité, de son présent, de l'intensité de la vie, de la jeunesse et de la vieillesse qu'il y investit. Et c'est l'unique moyen d'éviter la mort : il faut saisir le temps, le tenir, le remplir de responsabilité. Chaque fois qu'on perd cela à cause de la routine, des habitudes, de la fatigue, de la dépression ou de la fureur, on perd le sens « éthique » de la vie. L'éternité, c'est cela : notre responsabilité face au présent, à chaque moment, à chaque instant. Il s'agit d'une responsabilité éthique complexe, à l'intérieur de laquelle toute notre beauté intérieure – et parfois toute notre étroitesse : l'important est que tout cela soit sincère – doivent être renversées. Je ne propose rien d'autre qu'un franciscanisme laïc et athée.

Finitude

Je ne comprends pas bien lorsque tu dis : pessimisme de la volonté ou optimisme de la raison. Je ne l'interprète pas, ce renversement de la formule gramscienne, de la même manière que toi. Pour moi, l'optimisme de la raison est une conception spinozienne de l'être comme éternité. Sur ce point, je crois que Félix Guattari était complètement d'accord. Et quand je pense au pessimisme de la volonté, je pense au fait que la construction des luttes, des organisations, et même celle des livres et des raisonnements, passe toujours à travers des obstacles qui peuvent être surmontés : aussi bien des limites, des objets liés à la finitude et à l'achèvement, que des obstacles au sens propre, c'est-à-dire des choses surmontables. La quantité ontologique d'être, la détermination du possible, devient alors fondamentale. Dans la mort de Félix, il y a quelque chose qui correspond à toutes les conversations que nous avons eu ensemble : j'étais très polémique avec lui, c'était une exaspération due à l'impossibilité de surmonter l'achèvement, la finitude, la limite. Félix Guattari faisait face à une crise dont l'origine se trouvait – comme toujours – dans son travail d'analyse psychopathologique, parce qu'il se raccrochait à la promesse folle de guérir la femme qu'il avait épousée. En même temps, il gardait face à tout cela cet optimisme de la raison totale qui était le sien. C'est comme cela qu'il s'est écroulé : je l'ai vu pleurer – il m'est arrivé à moi aussi de pleurer – en disant qu'il n'y arrivait plus et que cette finitude, cette détermination négative étaient insurmontables. C'était un défi qu'il s'était lancé, et il s'écroulait. Pourtant, Félix est éternel. Je crois que c'est l'une des personnes qui avait le plus de présence, de joie, et de facilité à récupérer les esprits vitaux que l'on trouve dans les métropoles, le plus de capacité aussi à jouir des choses vitales que ses amis lui communiquaient : l'une des plus belles personnes que j'ai jamais connues. Et puis il y a eu ce moment de désespoir, il s'est fait prendre par la mort. C'est une contradiction entre ces deux choses dont nous parlions, l'optimisme de la raison et le pessimisme de la volonté.

L'amour

La définition matérialiste de l'amour, c'est une définition de communautés, une construction de rapports affectifs qui s'étend à travers la générosité et qui produit des agencements sociaux. L'amour ne peut pas être quelque chose qui se referme sur le couple ou sur la famille, il doit s'ouvrir à des communautés plus vastes. Il doit construire, au cas par cas, des communautés de savoir et de désir, il doit devenir constructif de l'autre. L'amour, c'est fondamentalement aujourd'hui la destruction de toutes les tentatives de s'enfermer dans la défense de quelque chose qui n'appartiendrait qu'à soi. Je crois que l'amour est une clef essentielle pour transformer le propre en commun.

Poésie

C'est une banalité de dire que la poésie peut recueillir ou anticiper des moments métaphysiques ou des moments d'analyse historique particulièrement forts. Pour ce qui est de Léopardi, il s'agissait d'une grande métaphore sur les effets du problème de la fin de la Révolution française. La révolution était finie, mais à la fin de la révolution triomphait un mode de vie complètement réactionnaire. La nostalgie du poète cherche alors à reconstruire d'autres valeurs et à les projeter dans le futur : il le fait à partir de ce moment de passage, depuis ce désert réactionnaire où les hommes ont été jetés. Léopardi vit la période de la réaction, il vit la Restauration qui succède à la révolution, et c'est à l'intérieur de cette situation, et en tant qu'homme fondamentalement lié non seulement à une tradition mais à une culture spécifique et à un langage réactionnaire – celui du baroque tardif –, qu'il agit et construit. Il se livre à une anticipation énorme pour son époque, il creuse dans la Restauration pour redécouvrir les valeurs qui ont été niées et qui ne vivent plus ; il ne le fait pas de manière nostalgique mais au contraire avec une capacité poétique à créer du futur, à tel point qu'il propose des horizons nouveaux même du point de vue linguistique, et qu'il invente des nouvelles formes de communauté qui brisent et traversent avec puissance la période sombre dans laquelle il se trouve, et qui anticipent les mouvements de masse, les mouvements de désir. Léopardi se sert de la poésie comme d'un bistouri pour creuser l'Histoire et en faire sortir moins ce qui reste du passé que tout ce que l'on peut inventer du futur.

Éloge de l'absence de mémoire

Je n'ai jamais pensé et je ne penserai jamais que rentrer en Italie, c'est récupérer un héritage. L'héritage n'existe plus, l'héritage s'est dissous et, comme cela arrive souvent dans ces grands patrimoines qui s'éparpillent, les éléments qui en restent sont absolument marginaux et parfois pervers. Il y a de nombreuses familles qui vivent des histoires d'énormes héritages dilapidés dans la pathologie la plus complète. Quand j'étais beaucoup plus jeune, il y a quinze ans, j'ai écrit un éloge de l'absence de mémoire : en réalité il suffisait de lire l'article, ce n'était pas tant un éloge de l'absence de mémoire qu'un éloge de l'absence de patrimoine. Et c'est cela que je revendique encore. Mon retour en Italie ne sera certainement pas une tentative de faire revivre des ombres ou des fantômes. Ce ne sera pas non plus, à la manière de Léopardi, le dialogue d'un vieux collectionneur avec ses momies. Ce que je chercherai à faire, ce sera de comprendre une réalité complètement transformée et dont il est faux de dire qu'en elle seul le négatif triomphe – sur ce point, je suis en désaccord avec les Italiens que je connais. À côté du pouvoir, il y a toujours la puissance. À côté de la domination, il y a toujours l'insubordination. Et il s'agit de creuser, et de creuser encore, à partir du point le plus bas : ce point, ce n'est pas la prison en tant que telle, c'est simplement là où les gens souffrent, là où ils sont les plus pauvres et les plus exploités ; là où les langages et les sens sont le plus séparés de tout pouvoir d'action et où pourtant ils existent ; parce que tout cela, c'est la vie et non pas la mort.

Du bon usage de la mémoire et de l'oubli

Comme bien des catégories et des institutions des démocraties modernes, l'amnistie remonte elle aussi à la démocratie athénienne.

En 403 avant J.-C., après avoir abattu la sanglante oligarchie des Trente, le parti démocratique vainqueur s'engagea sous serment « à mettre de côté tout ressentiment (*me mnesikakein,* littéralement « ne pas se souvenir du mal commis, ne pas nourrir de mauvais souvenirs ») à l'égard de ses adversaires ». Ce faisant, les démocrates reconnaissaient qu'il s'était bel et bien produit une *stasis,* une guerre civile et qu'il fallait désormais un moment de non-mémoire, d'« amnistie » pour réconcilier la cité. Malgré l'opposition des plus actifs[1] dans le renversement des Trente qui, comme Lysias, exigeaient leur punition, le serment fut efficace : les Athéniens n'oublièrent pas le passé, mais ils suspendirent leurs mauvais souvenirs

1. *Faziosi* dans le texte italien, impossible de traduire *factieux* en français, le terme est toujours péjoratif et dénote un pouvoir illégitime (N.d.T.).

et laissèrent tomber le ressentiment. À y bien redgarder, il ne s'agissait pas tant de mémoire et d'oubli, que de savoir distinguer les moments de leur application.

Pourquoi aujourd'hui en Italie, est-il si difficile de parler d'aministie ? Pourquoi la classe politique italienne, à tant de distance des années de plomb, continue-t-elle à vivre dans le ressentiment, à *mnesikakein* ? Qu'est-ce qui empêche le pays de se libérer de ses mauvais souvenirs ? Les raisons de ce malaise sont complexes, mais je crois que l'on peut risquer une explication.

La classe politique italienne, à quelques exceptions près, n'a jamais admis franchement qu'il y ait eu en Italie quelque chose comme une guerre civile, pas plus qu'elle n'a concédé à la bataille de ces années de plomb un caractère authentiquement politique. Les délits qui furent commis durant cette époque étaient par conséquent des délits de droit commun et le demeurent. Cette thèse, certes discutable sur le plan historique, pourrait toutefois passer pour tout à fait légitime, si elle n'était démentie par une contradiction évidente : pour réprimer ces délits de droit commun, cette même classe politique a recouru à une série de lois d'exception qui limitaient gravement les libertés constitutionnelles et introduisaient dans l'ordre juridique des principes qui ont toujours été considérés comme étant étrangers à ce dernier. Presque tous ceux qui ont été condamnés, ont été inquiétés et poursuivis sur la base de ces lois spéciales. Mais la chose la plus incroyable est que ces mêmes lois sont toujours en vigueur et projettent une ombre sinistre sur la vie de nos institutions démocratiques. Nous vivons dans un pays qui se prétend « normal », mais dans lequel quiconque reçoit un ami sous son toit sans en dénoncer la présence à la police devient passible de graves sanctions pénales. L'état d'exception larvé dans lequel vit le pays depuis bientôt vingt ans a corrompu à ce point la conscience civique des Italiens que ceux-ci, au lieu de protester et de résister, préfèrent tabler sur l'inertie de la police et sur l'« *omerta* » des voisins. Qu'il me soit permis de rappeler ici, sans vouloir par là établir autre chose qu'une simple analogie formelle, que la *Verordnung zum Schutz von Volk und Staat,* décrétée par le gouvernement nazi, le 28 février 1933, qui suspendait les articles de la constitution allemande en ce qui concernait la liberté personnelle, le droit de réunion, l'inviolabilité du domicile et le secret épistolaire ou téléphonique, resta en vigueur jusqu'à la fin du Troisième Reich, c'est-à-dire durant treize ans ; nos lois d'exception et les dispositions de police qui l'accompagnent ont largement dépassé cette durée.

Il n'est pas surprenant, dès lors, que notre classe politique ne puisse pas penser l'amnistie, ni se débarrasser de ses « mauvais souvenirs ». Elle est condamnée au ressentiment, parce qu'en Italie, l'exception est vraiment devenue la règle et que le pays « normal » et le pays d'exception, l'histoire passée et la réalité présente sont devenus indiscernables. Aussi, ce qui devrait devenir objet de mémoire et de recherche historique, est traité comme un problème politique actuel (permettant de la sorte le maintien des lois spéciales et d'une culture de l'état d'exception) tandis que ce ce qui devrait faire aujourd'hui l'objet d'une décision politique (l'amnistie) est traité comme un problème de mémoire historique. L'incapacité de penser dont semble aujourd'hui affligée la classe politique italienne, et avec elle, le pays tout entier, dépend précisément de cette conjonction maligne d'un mauvais oubli et d'une mauvaise mémoire, grâce à quoi l'on cherche à oublier quand on devrait se souvenir, et l'on est contraint de se souvenir quand on devrait savoir oublier. Dans tous les cas, amnistie et abrogation des lois spéciales sont les deux faces d'une seule réalité et ne peuvent être pensées qu'ensemble. Mais pour ce faire, il faudra que les Italiens réapprennent le bon usage de la mémoire et de l'oubli.

GIORGIO AGAMBEN
(Traduction de Yann Moulier-Boutang)

Toni Negri, le retour du « diable »

Aéroport de Rome-Fiumicino, mardi 1er juillet 1997. Le théoricien italien Antonio Negri, condamné par contumace et revenu de France après quatorze ans d'exil, est arrêté par la police anti-terroriste à sa descente d'avion. Âgé de 64 ans, le philosophe était accompagné d'un avocat français, Daniel Voguet. Au même moment, *Le Pouvoir constituant – Essai sur les alternatives de la modernité*, son dernier livre (1992), est traduit aux PUF.

Rome, via Fani. Jeudi 16 mars 1978. Une Fiat 128 heurte la première voiture officielle. Deux hommes en descendent, tirent sur les gardes du corps et s'emparent du président, tandis que des complices mitraillent la seconde voiture, tuant les trois autres « gorilles ».

Rome, via Caetani. Mardi 9 mai 1978. Le corps d'Aldo Moro, onze balles dans la poitrine, est retrouvé dans le coffre d'une 4L rouge, garée à mi-chemin entre le siège du Parti communiste et celui de la Démocratie chrétienne.

Président de la Démocratie chrétienne, ex-Premier ministre, désigné comme devant être le futur président de la République, Aldo Moro était l'homme clef de la politique italienne, fauteur, avec le leader du PCI Enrico Berlinguer, du « compromis historique » qui devait assurer la présence des communistes au gouvernement.

Vendredi 7 avril 1979. Un coup de filet policier « cueille » nombre de militants d'extrême gauche qui, par la radicalité de leurs positions théoriques ou de leurs actions, sont censés constituer l'*habitat* naturel des formations de guérilla. Soixante-dix personnes sont mises en détention préventive, dont tous les enseignants du département de sciences politiques de l'université de Padoue, considéré comme le siège de la « *direction intellectuelle* » d'un vaste mouvement « autonome » dont les Brigades rouges seraient la branche armée. Parmi eux : Antonio (Toni) Negri, le directeur de l'Institut de sciences politiques.

Dimanche 9 avril 1979. Le procureur général de Rome accuse Negri d'avoir participé au meurtre d'Aldo Moro.

Décembre 1979. De tous les Parquets d'Italie et des juges d'instruction parviennent en rafales à Antonio Negri mandats d'amener et « communications judiciaires » : on lui impute la responsabilité morale ou matérielle de... dix-sept homicides, on l'accuse d'« *association subversive* », de « *constitution de bande armée* » et d'« *insurrection armée contre les pouvoirs de l'État* ». Bientôt, Negri est le « diable ». Les qualités qui avaient fait de lui un brillantissime professeur, traducteur des écrits de philosophie du droit de Hegel, spécialiste du formalisme juridique, et de Descartes, de Kant ou de Dilthey, le poids théorique qu'il avait acquis par ses analyses de la « *forme-État* » et des effets de la restructuration capitaliste sur le « *corps de la classe ouvrière* », le charisme que lui avait apporté son éloge de la « *créativité du mouvement et de sa faculté à assumer la direction immédiate des actions de contre-pouvoir* », s'inversent en autant de signes négatifs : le maître, le bourreau de travail, le fin dialecticien, qui a certes une haute idée de lui-même et qui a rarement trouvé dans la discussion publique quelqu'un qui pût le contredire, est mué en froide machine intellectuelle capable d'ourdir les pires machiavélismes ; l'orateur, que la rhétorique révolutionnaire souvent enflamme, n'est plus entendu que comme « mauvais traître », capable par son verbe d'envoyer des esprits moins pourvus à l'aventure et au casse-pipe. Une violente campagne de presse aidant – mais le pays est secoué par les bombes et les attentats –, Toni Negri devient aux yeux de l'opinion le « cerveau », le leader d'une absconse Organisation que les juges nomment « O », le « Grand Vieux » qui en coulisse tire toutes les ficelles, le père, en fait, du terrorisme rouge. Sa voix, analysée par un institut de phonologie du Michigan, est reconnue comme étant celle de l'homme qui a téléphoné à la famille Moro. Il n'est pas jusqu'à son rire qui ne soit qualifié de sardonique hennissement sorti de quelque monstre.

Au moment de son arrestation au printemps 1979, Negri enseignait donc les « théories de l'État » à Padoue, et était chargé de cours à l'École normale supérieure de la rue d'Ulm – où il rédige *Marx au-delà de Marx* – ainsi qu'à l'université de Paris-VII (Jussieu). Sans être présenté devant un tribunal, il fait quatre ans et demi de « préventive » dans les quartiers de haute sécurité des prisons de Rome, Fossombrone, Palmi, Trani et Forli. Durant sa détention, il écrit *L'Anomalie sauvage – Puissance et pouvoir chez Spinoza*. En juillet 1983, candidat du Parti radical de Marco Pannella, il est élu député et, bénéficiant de l'immunité parlementaire, retrouve la liberté. L'immunité est levée deux mois après : quelques heures avant qu'on ne vienne l'arrêter, Negri, en scooter puis en bateau, s'enfuit et, *via* la Corse, se réfugie à Paris.

Toni Negri est né le 1er août 1933 à Padoue, en Vénétie. Dès sa jeunesse, marxiste, il milite au sein du mouvement ouvrier organisé, dont il se sépare en 1956, pour protester contre l'« *inspiration soviétique* » que celui-ci subit. Dans les années 60, il participe à l'élaboration de ce qu'on appelle l'« ouvriérisme[1] », en collaborant aux *Quaderni Rossi* de Renato Panzieri et en fondant la revue *Classe operaia*, avec Alberto Asor Rosa, Mario Tronti et Massino Cacciari, l'actuel maire-philosophe de Venise.

Dans une période où l'on parle d'intégration de la classe ouvrière, les « operaïstes » prédisent et cherchent à organiser l'émergence de nouvelles luttes, impulsées par la figure de l'« *ouvrier-masse* », ouvrier non-qualifié des grandes usines : luttes salariales égalitaristes qui, au-delà de la revendication corporatiste, se veulent force de rupture politique apte à bloquer le système et accroître le « pouvoir ouvrier ». D'une certaine manière, Mai 1968 – moins le mouvement étudiant de 68 que les grandes luttes ouvrières chez Fiat-Mirafiori de 1969 – sera perçu comme une confirmation de ces thèses, auxquelles Negri va donner les formulations les plus radicales. En 1969, il est à la fondation et à la direction du groupe *Potere Operaio*, dont l'autodissolution, en 1973, sonnera l'heure de l'« autonomie ouvrière ». Negri forge la notion de l'« *ouvrier social* », comme figure nouvelle de la classe ouvrière, non plus cantonnée dans les grandes usines mais diffuse sur l'ensemble du territoire, marquée par le refus du travail salarié, porteuse d'utopies et de formes « *non léninistes* » d'organisation par le bas de tous les exploités, de liaison des mouvements sociaux des femmes, des ouvriers, des étudiants, des « non garantis », des marginaux. La visée de l'*Autonomie ouvrière* – qui devient un groupe en 1973, dont Negri est le leader et le héraut, mais qui se transforme bientôt en une « mouvance », sans périmètre ni direction – n'est pas tant la conquête violente de l'État que sa dissolution, la réappropriation d'un pouvoir dont la société civile a été spoliée. Visée contraire à celle des forces politiques institutionnelles, qui convergeaient vers la constitution d'un « compromis historique ». L'État renforce donc la répression, et l'« autonomie ouvrière » ne lui laisse plus de trêve, introduit la violence dans les manifestations, pratique, dans le style d'alors, des occupations d'usines, des hold-up – « *opérations d'autofinancement* » – des « *expropriations prolétariennes* »... Antonio Negri déclarera toujours s'être opposé, dès cette époque, à la « militarisation » de la lutte et au terrorisme politique. Reste qu'au sein du « mouvement », l'« autonomie ouvrière » est bientôt dépassée : d'autres groupes, tels Prima Linea ou les Brigades rouges, s'organisent en armées clandestines violentes, allant jusqu'à tuer juges, journalistes et politiciens, dont Aldo Moro.

De 1983 à aujourd'hui, Negri a travaillé en France, enseigné à Paris-VIII, au Collège international de philosophie et à l'Université européenne de philosophie, fait des recherches pour les ministères du Travail ou de l'Équipement. Pendant ce temps, en Italie, ont eu lieu, par contumace, ses procès. Il a bénéficié de plusieurs acquittements. Direction des Brigades rouges, assassinat d'Aldo Moro, homicide : toutes les inculpations ont été levées. Restent deux condamnations : la cour de Rome (1984) a prononcé contre Negri une peine de trente ans pour « *insurrection armée contre l'État* ». Celle de Milan (1986, 1994), une peine de quatre ans et demi pour « *responsabilité morale* » des affrontements entre les militants et la police à Milan de 1973 à 1977. En appel, ces peines ont été réduites l'une à douze ans, l'autre à trois ans et quatre mois.

En rentrant en Italie, et en se livrant aux autorités, Toni Negri veut mettre un point final à son « histoire judiciaire ». Mais la signification de son geste va bien au-delà : on peut y lire le destin d'une génération. Une génération qui a cru à la « révolution » et qui, en Italie comme en France ou en Allemagne, a été politiquement défaite. De cette défaite, on a pu se sortir : certains très bien, qui du pouvoir qu'ils combattaient sont devenus les tenants, d'autres plus difficilement, qui s'acharnent à ne point renoncer aux valeurs dont ils se prévalaient alors. Cette défaite, chacun l'a payée : les uns en mauvais souvenirs, les autres en désillusions, d'autres encore en années d'exil ou de prison. Mais on ne peut pas vouloir qu'elle demeure un « passé qui ne passe pas ». Le « cas Negri » teste aussi la capacité qu'ont ou non les sociétés de tourner les pages de leur histoire.

ROBERT MAGGIORI
paru dans *Libération*
du 3 juillet 1997

Entretien avec Toni Negri

Pourquoi avez-vous décidé de rentrer maintenant en Italie, en sachant que la prison vous attend ?

Toni Negri : Je rentre pour signifier la fin des « années de plomb », et la nécessité de libérer tous les camarades encore en prison et ceux qui sont en exil. En prison il y a environ 200 personnes. On compte un nombre à peu près égal d'exilés, installés pour la plupart à Paris, que les gouvernements, de gauche comme de droite, ont accueillis sur le sol français et dont ils n'ont pas autorisé l'extradition. En Italie, le régime constitutionnel est en voie de modification et le passage à la IIe République impose de sortir les squelettes des placards de la première. Il est également évident que la persistance des lois antiterroristes est en contradiction avec la présence de l'Italie dans une Communauté européenne d'États de droits. Je n'ai pas d'autres raisons que politiques de rentrer en Italie, donc en prison. J'espère évidemment que le temps de mon incarcération sera le plus bref possible, afin de devenir au plus vite un citoyen européen. Mais cela dépend du soutien de l'opinion publique italienne et internationale.

Vous avez été condamné pour constitution de bande armée. Quel type de responsabilité revendiquez-vous ?

J'ai été condamné pour bande armée et association subversive, après quatre ans et demi de prison préventive et après avoir été élu à la Chambre des députés. On m'a accusé d'avoir assassiné Moro, d'être le chef des Brigades rouges et le cerveau politique qui faisait la liaison entre les organisations armées et le mouvement de masse. Ces accusations sont tombées les unes après les autres, mais à chaque fois on en a porté d'autres. Dans une suite hallucinante de procès (au moins une dizaine, dont un encore en cours), j'ai été condamné une première fois à trente ans de prison, peine réduite en appel à douze ans, auxquels il faut ajouter quelques restes. Si après 1968 on avait appliqué en France des critères comparables, pas un seul dirigeant de la Gauche prolétarienne ou d'autres organisations similaires n'aurait échappé à quatre ou cinq ans d'incarcération préventive. Je place ma responsabilité à l'intérieur d'un mouvement politique de masse qui pratiquait un extrémisme radical et populaire. Mes responsabilités étaient et restent fondamentalement intellectuelles. Cependant je considère l'homme (et moi parmi les autres) comme un tout : les erreurs politiques qui ont été commises lorsque l'attaque contre l'État s'est « militarisée », renvoient à des responsabilités auxquelles je ne me dérobe pas.

La France vous a accueilli pendant votre exil. Vous avez continué à y exercer votre métier de professeur et de chercheur. Quel regard portez-vous sur cet « autre pays » que vous quittez ?

Je le connaissais depuis longtemps. Pendant les années 50, j'ai travaillé à ma première thèse avec Jean Hippolyte. Au cours des années soixante-dix, Louis Althusser m'a accueilli à Normale Sup, pour des recherches sur *Marx au-delà de Marx*. La France n'est pas pour moi un « autre pays ». Cela fait quatorze ans que j'y vis et, si j'y restais, je pourrais probablement obtenir ma naturalisation. Des intellectuels et des mouvements sociaux français, j'ai appris beaucoup. J'ai essayé d'utiliser la France comme un écran où projeter (et donc agrandir pour analyser) maintes notions élaborées par le post-marxisme italien. Cela ne m'a pas mal réussi. L'œuvre de Foucault, Deleuze et Guattari m'a permis de donner consistance, par contamination, à de nouveaux concepts tels ceux de *travail productif, d'exploitation* et de *pouvoir constituant*. Ces concepts ne sont pas abstraits : je les ai trouvés dans les luttes, de 1984 (marche des beurs) à 1986 (coordination des étudiants, des cheminots et des infirmières), du mouvement contre le CIP aux grèves de décembre 1995 et au combat des « sans-papiers ». Comme disait un vieux théoricien, maintenant peut-être oublié, on voit souvent en quelques semaines en France ce qui dans le reste du monde met très longtemps à se développer. Ici, j'ai appris que la raison (singulière et collective) s'accompagne toujours de l'éthique des affects. En cela, la France a été toujours pour moi, non pas un pays cartésien mais spinoziste.

J'ai enseigné dans cette université du « tiers-monde » qu'est Paris-VIII, en y apprenant le nomadisme et la solidarité. J'ai travaillé au Collège international de philosophie, en y appréciant la force et la liberté des débats. J'ai mené des recherches sur la Plaine-Saint-Denis, en y observant les transformations de la vieille classe ouvrière face aux nouvelles formes de production. J'ai eu des amis et des ennemis. J'ai aimé et haï, comme on dit. *Futur antérieur*, la revue que j'ai contribué à fonder et à faire fonctionner a été un bon instrument de communauté et de pensée.

Bien des choses ont changé en Italie depuis les « années de plomb ». Pensez-vous y jouer un rôle public ?

Mon rôle public a déjà commencé. Il suffit de lire les journaux italiens de cette semaine pour comprendre que ma

« reddition » représente l'occasion de repenser les « années de plomb », de dénoncer la mise sur la touche d'une génération politique tout entière et de hâter la promulgation de l'amnistie. Certes, beaucoup de choses ont changé depuis mon départ. Mais mon retour ne peut pas passer pour un engagement politique actif. D'ailleurs, je vais en prison. Reste pourtant la nécessité de reconstruire, « d'en bas », un rapport renouvelé entre sujets sociaux et représentation politique. En Italie, comme en France et en Europe.

Propos recueillis
par Robert Maggiori et Jean-Baptiste Marongiu
paru dans Libération *du 3 juillet 1997*

Repères bibliographiques

Ouvrages de Toni Negri parus en français

- *Le Pouvoir constituant*, PUF, 1997.
- *Le Bassin de travail immatériel dans la métropole parisienne* (avec Antonella Corsani et Maurizio Lazzarato), L'Harmattan, 1996.
- *Marx au-delà de Marx*, L'Harmattan, 1996.
- *Spinoza subversif*, Kimé, 1994.
- *Des entreprises pas comme les autres* (avec Maurizio Lazzarato, Giancarlo Santilli et Yann Moulier-Boutang), Publisud, 1993.
- *Les Nouveaux espaces de liberté* (avec Félix Guattari), Dominique Bedou, 1985.
- *L'Anomalie sauvage*, PUF, 1982.

Mille et une nuits propose des chefs-d'œuvre pour le temps d'une attente, d'un voyage, d'une insomnie…

La collection Les Petits Libres

1. **Cabu,** *L'Adjudant Kronenbourg*
2. **Chiflet,** *Sky Mr Allgood !*
3. **Willem,** *Quais Baltiques*
4. **Fullenbaum,** *Le Petit Livre des casseurs*
5. **Wolinski,** *Les Cocos*
6. **Rabourdin,** *Truffaut, le cinéma et la vie*
7. **Joffrin,** *Yougoslavie, suicide d'une nation*
8. **Pagès,** *Descartes et le cannabis*
9. **Colombani,** *Mitterrand, le roman d'une vie*
10. **Josselin,** *Gérard Philippe, le prince d'Avignon*
11. **Burnier, Romane,** *Le Secret de l'abbé Pierre*
12. **Franche,** *Rwanda, généalogie d'un génocide*
14. **Bocquet et Pierre-Adolphe,** *Rapologie*

Dernières parutions

15. **Pierre-André Taguieff,** *La Couleur et le sang. Doctrines racistes à la française*
16. **Gérard Guicheteau,** *Papon Maurice ou la continuité de l'État*
17. **Guy Konopnicki,** *Manuel de survie au Front*
18. **Marc Perelman,** *Le Stade barbare. La Fureur du spectacle sportif*

Achevé d'imprimer en février 1998,
sur papier recyclé Ricarta-Pigna par G. Canale & C. SpA (Turin, Italie)